7 세종 대왕이 우리말 랩을 한다고?

글 양화당

햇살 좋은 사무실에서 어린이책을 기획하고 집필하는 일을 하고 있습니다.
어린이들이 재미있게 읽으면서도 마음의 양식으로 삼을 수 있는 따뜻하고
영양가 있는 책을 많이 쓰고 만드는 게 꿈이랍니다. 쓴 책으로는
<새콤달콤 열 단어 과학 캔디>, <보글보글 열 단어 한국사 라면> 시리즈와
『신비아파트 공부 귀신 1. 발명품이 사라졌다!』,
『신비아파트 학교 귀신 1. 학교생활을 도와줘!』 등이 있습니다.

그림 권송이

서울시립대학교 환경조각과를 졸업하고 어린이책에 그림을 그리고 있습니다.
어떻게 하면 멋진 그림으로 아이들과 재미있는 생각을 나눌까 고민할 때가
가장 즐겁습니다. 그린 책으로 『애덤 스미스 아저씨네 경제 문구점』,
『밥상에 우리말이 가득하네』, 『미래가 온다, 신소재』 등이 있습니다.

K탐정의 척척척 대한민국 7
세종 대왕이 우리말 랩을 한다고?

초판 1쇄 발행 2024년 8월 26일 | 초판 4쇄 발행 2025년 9월 22일
글 양화당 | 그림 권송이

발행인 윤승현 | 편집장 안경숙 | 편집관리 정아름 | 편집 송미영 | 디자인 아이디스퀘어
마케팅 정지운, 박현아, 김지윤, 황지영 | 제작 신홍섭

펴낸곳 (주)웅진씽크빅 | 주소 경기도 파주시 회동길 20 (우)10881
문의 전화 031)956-7523(편집), 031)956-7569, 7570(마케팅)
홈페이지 www.wjjunior.co.kr | 블로그 blog.naver.com/wj_junior | 인스타그램 @woongjin_junior
출판신고 1980년 3월 29일 제406-2007-00046호 | 제조국 대한민국 | 사용연령 7세 이상

글 ⓒ 양화당, 2024 | 그림 ⓒ 권송이, 2024
저작권자와 맺은 특약에 따라 검인을 생략합니다.

ISBN 978-89-01-27585-7 74300・978-89-01-25830-0(세트)
*잘못 만들어진 책은 바꾸어드립니다.

웅진주니어는 (주)웅진씽크빅의 유아·아동·청소년 도서 브랜드입니다.
저작권법에 의해 한국 내에서 보호를 받는 저작물이므로 무단 전재와 무단 복제를 금지하며,
이 책 내용의 전부 또는 일부를 이용하려면 반드시 저작권사와 (주)웅진씽크빅의 서면 동의를 받아야 합니다.

⚠️주의
1. 책 모서리가 날카로워 다칠 수 있으니 사람을 향해 던지거나 떨어뜨리지 마십시오. 2. 보관 시 직사광선이나 습기 찬 곳은 피해 주십시오.

K탐정의 **척척척 대한민국**

양화당 글 | 권송이 그림

7 세종 대왕이 우리말 랩을 한다고?

웅진주니어

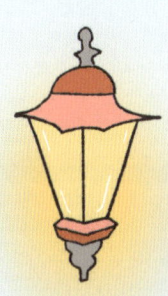 

K탐정 프로필

나이: 13세
학력: 어린이 탐정학교 공동 수석 졸업
장래 희망: 오빠를 뛰어넘는 명탐정
특기: 뛰어난 시각, 직감으로 증거 찾아내기
취미: 탐정 소설 읽기

나에게는 5분 빨리 태어난 쌍둥이 오빠가 있어.
쌍둥이 오빠가 영국 셜록 탐정학교로
유학을 떠나며, 신비한 갓을 물려주었어.
이 갓은 쓰기만 하면 갑자기 아이큐 급상승!
오빠의 탐정 사무소도 물려받기로 했지.
이제부터는 내가 대한민국 뉴 K탐정이라고!

블루냥

친구 레드오를 만나러 지구에 왔다가 K탐정의 조수가 됨. 도도해 보이지만, 호기심 많은 엉뚱이.

나세종

스포츠를 싫어하고, 방구석에서 노는 걸 좋아하는 소심남. 요즘은 아빠가 사 준 최신형 스마트폰에 푹 빠져 아침부터 저녁까지 스마트폰만 보고 지냄.

나정음

세종의 두 살 어린 여동생. 아이돌 그룹 SOS를 좋아하는 열성팬. 오빠의 노래 실력을 우습게 보다가 나중에 가장 적극적으로 응원함.

나태종

세종의 아빠. 젊은 시절 꿈은 록 가수였지만, 지금은 엘리트 회사원. 언제든 록 음악을 할 수 있게 긴 머리칼을 지키고 있음.

정열정

세종의 엄마. 20대부터 외길 트로트 팬으로, 트로트 가수 송진아의 팬클럽 회장임. 남편과 아들을 위해 열정적으로 매니저 역할을 함.

남사벽

세종과 같은 학교 학생.
공부, 스포츠, 노래 모두
'넘사벽'인 능력자.
심지어 성격까지 좋아서
모두에게 인기가 많음.

황장군

세종의 옆집 형. 이름은
장군이지만 마음은 좁쌀.
공무원 시험을 준비 중이라
요즘 들어 부쩍 예민해지고
신경질을 잘 냄.

랩 고수 2인

세종에게 라임 맞추는 법과
랩 가사 쓰는 법을 알려 줌.

우아미

교양과 우아함을 두루 갖춘
동네 멋쟁이 할머니. 최근 3개월 된
아기 고양이를 입양하여 키우고 있음.
젊은 시절 성악을 공부했으며,
꾀꼬리 같은 목소리가 자랑거리.

1장
우리말에 이름이 있어?
10

오 마이 갓 백과 국어란? ·15
K탐정의 세계 탐구 세계 사람들이 쓰는 언어 ·22

2장
모든 소리를 한글로 적을 수 있어?
24

오 마이 갓 백과 소리글자란? ·29
K탐정의 세계 탐구 한글을 쓰는 인도네시아의 찌아찌아족 ·38
에필로그 나세종이 가수 선발 대회에 나가게 된 사연 ·40

3장
우리말에 뿌리가 있다고?
42

오 마이 갓 백과 어원이란? ·47
K탐정의 세계 탐구 세계의 나라 이름 유래 ·54

4장
지역마다 말이 달라?
56

오 마이 갓 백과 사투리란? ·64
K탐정의 세계 탐구 세계 사람들의 사투리 생활 ·72

5장
동방예의지국이랑 우리말이 무슨 상관?
74

오 마이 갓 백과 높임말이란? ·80
K탐정의 세계 탐구 문화에 따라 다른 세계의 말 ·86

6장
우리말이 새로 생기기도 해?
88

오 마이 갓 백과 외래어란? ·93
K탐정의 세계 탐구 세계로 수출되는 우리말 ·100

1장
우리말에 이름이 있어?

가수 선발 대회에 나간다고? 나도 참가해 볼까?

쳇, 어서 의뢰받은 일이나 해야겠다!
영어 가사가 섞인 노래도 우리말 노래인지
알려 달라는 거지? 이건 아주 간단해.
우리말의 정의를 알면 바로 해결할 수 있지.
우리말은 달리 말하면 '국어'라고 불러.

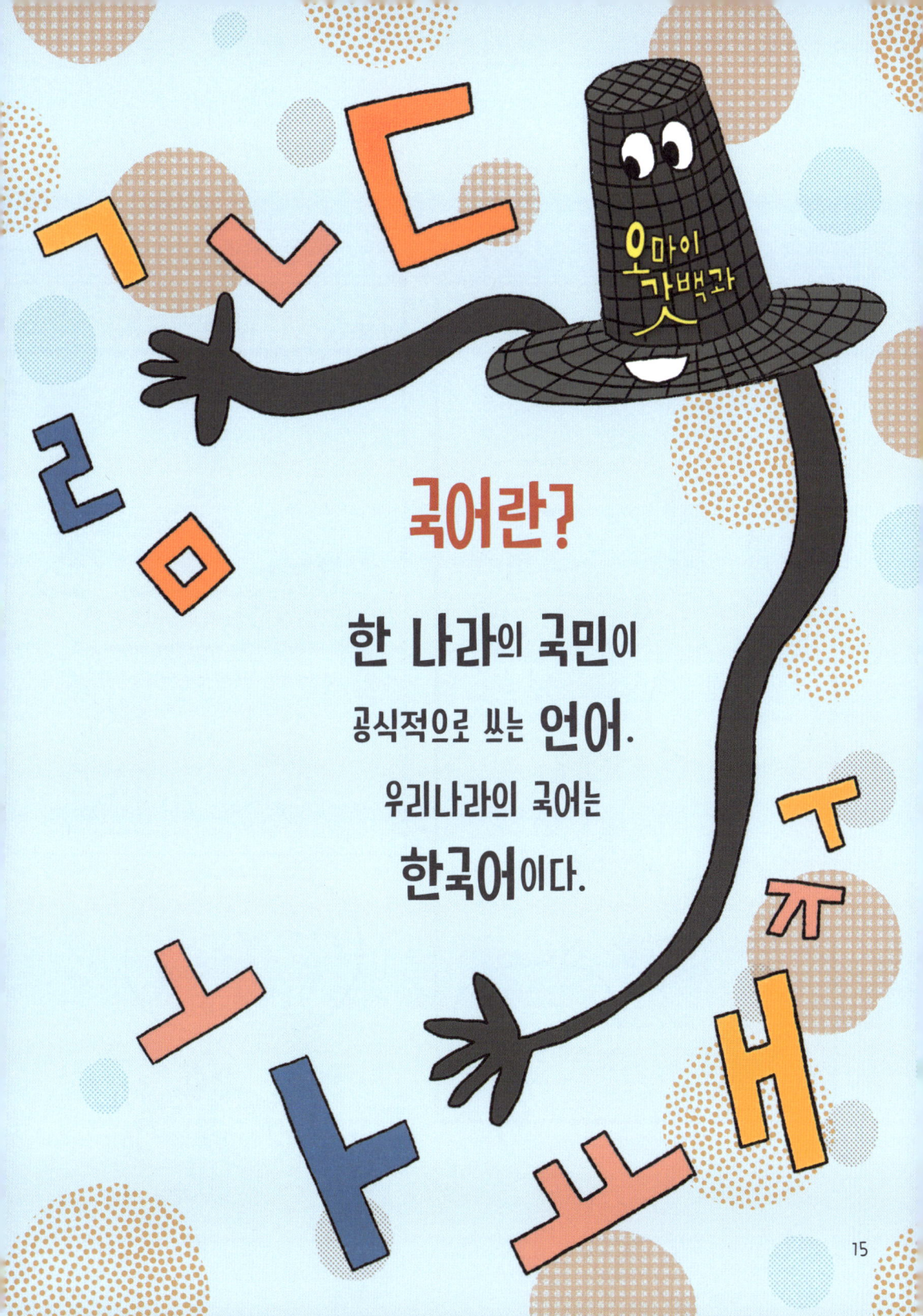

우리나라처럼 다른 나라에도 국어가 있어.
세계 여러 나라는 국어를 어떻게 정해서 쓸까?

다행히 우리나라는 국어가 한국어 딱 하나야.
한국어는 먼 옛날부터 한반도와 주변 섬에 살던
사람들이 쓰던 말로, 오랜 세월 동안 전해 왔어.
그런데 한때 한국어가 사라질 뻔한 적이 있어.

요즘에는 한국어가 전 세계 사람이 배우고 싶어 하는
말이 되었어. 우리나라 드라마, 음악, 음식이
전 세계에서 인기를 얻은 덕분이야.

한국어를 널리 알리려고 외국에 세운 세종 학당의 수가
짧은 시간 동안 크게 늘어난 것만 봐도 알 수 있어.

이처럼 한국어는 우리나라, 우리 민족과
운명을 함께하는 말이야.

K탐정의 깜짝 퀴즈

미국에 한국어만 쓰는 마을이 있어?

YES — 미국 미네소타주에는 '숲속의 호수' 마을이 있어. 학생들이 2~4주간 머물며 집중적으로 한국어를 배우는 곳이야. 이곳의 학생들은 한국 문화를 배우고, 한국 음식을 먹고, 한국어로만 대화해. 길거리의 간판과 안내문도 모두 한국어야. 이 정도면 한국어가 술술 나오겠지?

북한은 우리랑 국어가 달라? 가락빵! 고기겹빵!

NO — 북한도 한국어를 국어로 써. 북한에서 쓰는 한국어를 '조선어'라고 하는데, 사실 우리와 같은 말이야. 다만 남한과 북한이 헤어져 사는 동안 북한에서만 쓰는 새로운 낱말이 많이 생겨나서 들을 때 조금 낯설게 느껴질 뿐이야.

세계 사람들이 쓰는 언어

세계에는 7,000개가 넘는 언어가 있어.
그중 세계 사람들이 가장 많이 쓰는 언어를 알아보자.

영어는 미국, 영국, 캐나다, 필리핀, 오스트레일리아 등 70개 나라에서 주요 언어로 쓰여. 또 국제회의, 비즈니스에서도 많이 쓰이는 언어지.

중국어는 중국, 대만, 싱가포르, 말레이시아 등 동아시아 나라에서 널리 쓰여. 중국 인구가 많아서 중국어를 쓰는 사람 숫자가 많은 거야.

힌디어
약 6억 1000만 명

힌디어는 인도, 파키스탄, 네팔, 피지, 모리셔스 같은 나라에서 주로 쓰는 언어야. 인도의 23개 공식 언어 중 하나이기도 해.

에스파냐어
약 5억 5900만 명

에스파냐어는 에스파냐(스페인)를 비롯해 라틴 아메리카 대부분의 나라와 적도 기니, 필리핀 등에서 쓰여. 미국에서도 영어 다음으로 많이 쓰여.

*2023년 에스놀로그 자료 기준

2장

모든 소리를
한글로 적을 수 있어?

헉헉헉, 뛰어오느라 숨이 차네. 나태종 씨가 늦게까지
노래 연습을 해서 경찰이 찾아왔다고?

흠, 한밤중에 일어난 미스터리 사건!
나 같은 일류 탐정만이 풀 수 있지.
사건을 정확하게 알아야 하니 황장군은 들은 소리를 써 봐.
우리글은 소리글자니, 모든 소리를 다 쓸 수 있을 거야.

소리글자란?

말소리를 **소리 나는 대로** 적는 글자를 말한다.
한글은 대표적인 소리글자이다.

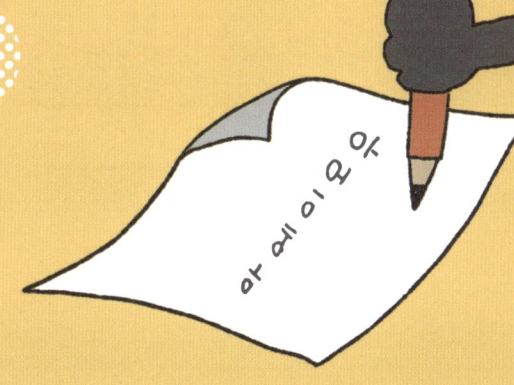

글자는 소리글자와 뜻글자 두 종류가 있어.
한글은 소리글자고, 한자는 뜻글자야.
어떻게 다른지 해와 달을 예로 들어 볼게.

한글을 만든 사람은 세종 대왕이야.
어떻게 만들었는지 이야기를 들어 볼래?

이제 본격적으로 추리를 시작해 볼까?
첫 번째 증거는 황장군이 들은 소리.

두 번째 증거는 나태종 씨가 부른 노래 가사.

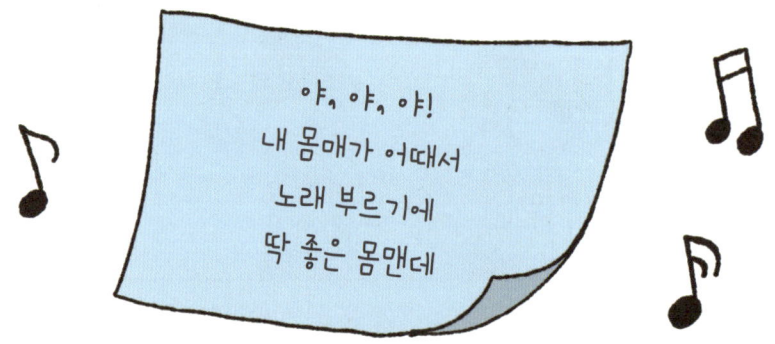

비슷한 데가 있긴 하지만 같은 소리는 아니야.
그럼 이번엔 사람들의 알리바이를 확인해 보자.

조사한 내용을 정리해 볼까?

나태종 씨는 9시부터 11시까지 노래를 부르지 않았고 노래 가사도 달라. 그럼 범인은 누구지?

유네스코에서 세종 대왕 문해 상을 준다고?

YES 1989년 유네스코에서 한글을 만든 세종 대왕의 숭고한 정신을 기리기 위해 세종 대왕 문해 상을 만들었어. 해마다 '세계 문해의 날'인 9월 8일에 사람들이 글을 깨치도록 도움을 준 단체나 사람에게 이 상을 줘.

한글이란 말을 처음 쓴 건 세종 대왕이야?

NO 주시경 선생이 처음 썼어. 세종 대왕이 만든 우리글이 상스러운 글자란 뜻으로 '언문'이라고 불리자, 이를 안타깝게 여겨 '한글'이라 고쳐 불렀어. 한글이라는 이름 속에는 '우리나라의 글'이라는 뜻 외에 '가장 큰 글', '오직 하나인 좋은 글'이라는 뜻도 담겨 있어.

한글을 쓰는 인도네시아의 찌아찌아족

우리나라 말고 공식 글자로 한글을 쓰는 나라가 또 있다는 거 알고 있니?
인도네시아의 찌아찌아족 이야기를 들려줄게.

3장

우리말에 뿌리가 있다고?

하하하, 이 정도는 식은 죽 먹기지.
돌팔이의 뜻을 제대로 알려면
먼저 돌팔이의 어원을 알아야 해.

우리말은 조상들이 생활 속에서 만들어 내고, 다른 사람에게 전하고, 자손에게 이어진 거야. 그래서 조상의 생활과 문화가 함께 녹아 있지. 우리말의 어원을 몇 가지 살펴볼까?

돌팔이

어처구니

옛날 사람들은 곡식 가루가 필요하면,
곡식 알갱이를 맷돌에 넣고 돌려 가루를 내었어.
이 맷돌의 나무 손잡이를 어처구니라고 해.
그런데 만일 어처구니가 없으면 어떨까?

오지랖이 넓다

오지랖은 한복 앞자락을 가리키는 말이야.
이 한복 앞자락을 지나치게 넓게 만들면
옷에서 앞자락에 덮이는 부분도 넓어지지.
그러면 어떻게 되냐고?

세계의 나라 이름 유래

세계의 나라 이름은 어디서 왔을까?
유래와 이름에 담긴 뜻을 알아보자.

도자기의 나라, 중국

중국의 영어 이름은 차이나(China)야. 이 이름은
아주 오래전 진시황이 세웠던 나라 '진(Chin)'에서 왔대.
이 말이 차츰 변해서 '차이나'가 됐어.
중국 도자기가 유럽으로 수출되어 인기를 얻자,
도자기도 덩달아 '차이나'라고 부르게 되었어.
그 뒤 유럽 사람들에게 중국은
'도자기의 나라'가 되었지.

오스만 튀르크족이 세운 튀르키예와 투르크메니스탄

튀르키예와 투르크메니스탄은 나라 이름에 담긴 뜻이 똑같아.
둘 다 '오스만 튀르크족이 세운 나라'라는 뜻이야. 나라를 만든
부족의 이름이 나라 이름이 된 거야. 오스만 튀르크족은
아시아 대륙 동쪽에서 서쪽까지 넓게
흩어져 살던 용맹한 유목 민족이야.

유명 장군의 이름을 딴 볼리비아

볼리비아라는 이름은 시몬 볼리바르 장군에게서 왔어. 남아메리카의 여러 나라는 오랫동안 에스파냐의 식민지였는데, 볼리바르 장군이 군대를 이끌고 에스파냐와 싸워 볼리비아를 비롯해 많은 나라를 해방시켰거든. 그의 업적을 오래오래 기억하려고 나라 이름을 이렇게 지은 거야.

땅 모습이 이름이 된 네덜란드

네덜란드는 '낮은 지대'라는 뜻의 'neder'와 '땅'이라는 뜻의 'land'가 합쳐진 말이야. 이름 그대로 네덜란드는 땅의 4분의 1이 해수면 아래에 있어. 그래서 둑을 쌓아 바닷물이 넘어오지 못하게 하고, 풍차로 펌프를 돌려 땅에 고인 물을 퍼냈대.

우리나라의 영어 이름 '코리아'는 '고려'에서 왔어. 무역하러 고려에 온 아라비아 상인들이 이 이름을 세계에 알렸지.

코리아!

4장

지역마다 말이 달라?

이번엔 먼 곳에서 의뢰가 들어왔군!
하지만 내 도움이 필요한 곳이라면 어디든 간다!

랩이라면 나도 좀 하는데.
"나는야, 세계 최고의 탐정 K!
나를 봐, 물어봐, 다 알아, 헤이 요!"

먼저, 너네고 주변의
마을 지도를 살펴볼까?

아니! 후루룩컵라면을 파는 편의점은 MSG 24뿐.
이제 둘로 좁아졌어. 그리고 너네고에서
수업이 끝나는 시간은 오후 3시 40분.
4시까지 편의점에 가려면, 너네고 바로
앞에 있는 지점으로 가야지!

우리가 온 곳은 전라남도 목포.
먼저 고수의 랩에 담긴 전라도 사투리를 서울말과
비교해 볼까?

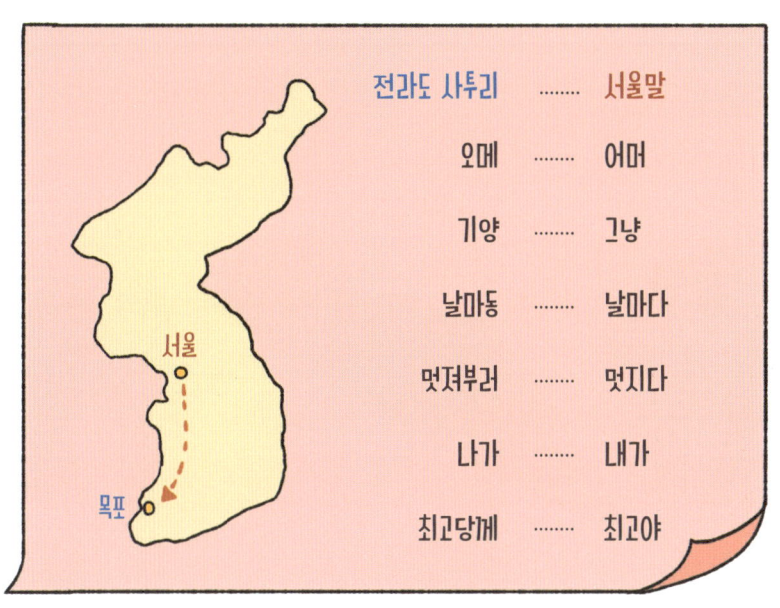

전라도 사투리	서울말
오메	어머
기양	그냥
날마동	날마다
멋져부러	멋지다
나가	내가
최고당게	최고야

사투리는 전라도에만 있는 게 아냐.
우리나라에 큰 산맥이 많은 건 알고 있지?
옛날에는 이 산맥 때문에 서로 오고 가기 힘들었어.
그렇게 오래 지내다 보니 그 지역 사람들끼리만
사용하는 독특한 억양이나 말인 사투리가 생겼지.

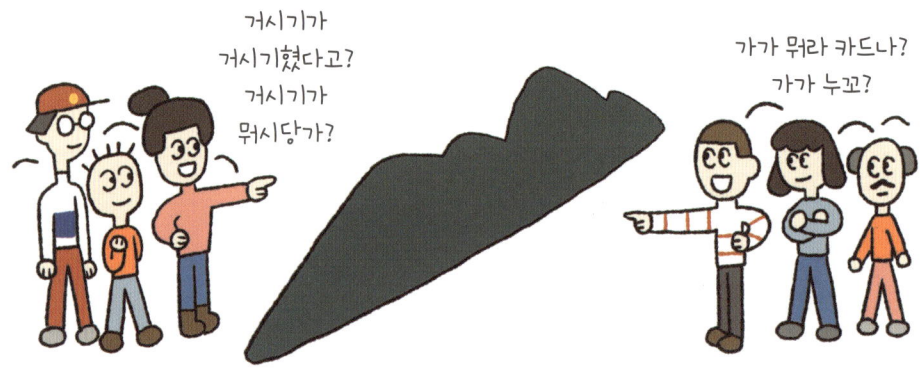

그래서 우리나라는 도마다 사투리가 달라.
특히 제주도는 육지에서 멀리 떨어져 있어서
처음 듣는 사람은 뜻을 알기 어려울 정도야.

어떤 사투리는 지역마다 모두 달라서
뜻을 짐작하기 어려운 말도 있어.

정구지, 졸, 솔, 세우리는 다 부추를 뜻하는 사투리야.
이 정도로 말이 다르면 서로 의사소통이 힘들겠지?

그래서 나라에서는 표준어를 정해 쓰도록 했어.
표준어는 어떤 말일까?

교양 있는 사람들이
두루 쓰는
현대 서울말

우리가 학교에서 배우는 교과서에 담긴 말,
신문과 방송에서 쓰는 말이 모두 표준어야.

제주도 사투리로 비밀 작전을 했다고?

YES '매우 수고하셨습니다.'를 제주도 사투리로 바꾸면 '폭삭 속았수다.'야. 다른 지역 사람들은 알아듣기 힘들겠지? 이런 점을 이용해서 한국 전쟁 때 통신병을 모두 제주도 사람으로 뽑은 적이 있어. 제주도 사투리로 비밀 작전을 주고받게 해 적군을 감쪽같이 속였지.

표준어가 사라질 뻔했다고?

YES 일제 강점기 때 조선어 학회 사람들이 우리말을 표준어로 정리하다가, 독립운동을 한다는 이유로 모두 잡혀갔어. 이때 정리하던 원고도 사라져 버렸지. 나중에 나라를 되찾은 뒤 서울역 창고에서 원고를 발견했어. 이걸 다듬어 최초의 한국어 사전인 『큰사전』을 만들었어.

세계 사람들의 사투리 생활

우리나라처럼 세계 여러 나라에도 사투리가 있어.
사투리에 얽힌 다양한 이야기를 들려줄까?

드라마에 성우 목소리를 입히는 중국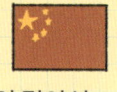

중국은 워낙 땅이 넓은 데다 소수 민족이 많아서 의사소통이 안 될 만큼 사투리가 심한 곳이 많아. 배우 중에도 표준어를 제대로 말하는 사람이 드물어. 그래서 드라마를 찍은 뒤, 성우 목소리를 표준어로 입혀서 내보낸대.

사투리로 책을 내는 독일

독일 출판사인 틴텐파스는 세계의 사투리를 수집하려는 원대한 계획을 세웠어.
방법은 『어린 왕자』를 각 나라의 사투리로 써서 보존하는 거지. 우리나라 경상북도 사투리로 쓴 『애린 왕자』가 125번째로 출간되었고, 전라북도 사투리로 쓴 『에린 왕자』도 나왔지.

모두가 사투리를 쓰는 영국

영국은 우리나라처럼 표준어가 없어.
BBC 방송이나 옥스퍼드 사전을 기준으로
삼지만, 이것도 법으로 정해진 건 아니야.
영국 사람들은 이 지방에 가면
다른 지방 말이 사투리인데,
왜 표준어가 있어야 하냐고 생각한대.

사투리 경연 대회를 여는 대한민국

한글날을 기념해 열리는 말모이 축제에서는
'팔도 사투리 경연 대회'를 열어. 그동안 지역별로
흩어져 있던 사투리 경연 대회를 하나로 모은 거야.
사투리로 시 낭송하기, 사투리 알아맞히기 게임 등
즐겁게 사투리를 체험하는 시간도 가질 수 있어.

5장
동방예의지국이랑 우리말이 무슨 상관?

슈퍼 할머니가 짐을 옮기다 밖을 내다봤어.
분식집 아줌마도, 문구점 아저씨도 이상한 걸 느꼈어.

어?

뭐 하는 거지?

왜 저래?

잠시 뒤, 가게로 웬 쪽지가 휙!

으으으익! 나한테 반말을 해?

칭찬 같은데, 기분 나쁜 이건 뭐지?

세종이 녀석 짓이 틀림없어!

너는 나이가 어떻게 돼?

너네 집 김밥 맛있어.

나한테 공 좀 빌려줘.

뭐? 억울한 일을 당했다고?
그렇담, 내가 나서서 도와야지.

걱정 마, 나만 믿어.
예리하고 정확한 내 시력과 센스로 해결해 주지.

우리말에서는 '너' 대신 할머니, 아주머니, 아저씨 같은 알맞은 호칭을 써야 해. 그 밖에도 따라야 할 원칙이 있어.

나이가 어떻게 돼? => 연세가 어떻게 되세요?

김밥 맛있어. => 김밥 맛있어요.

나한테 공 좀 빌려줘. => 저한테 공 좀 빌려주세요.

우리나라 사람들은 예의를 무척 중요하게 생각하거든.
그래서 내가 상대방과 어떤 관계이냐에 따라
존중하는 정도를 구분해서 표현하는 거야.

또 다른 이유는 가족끼리 함께 모여 사는 문화 때문이야.
그래서 우리말에는 높임말뿐만 아니라,
가족 호칭도 발달했어. 남자 친척을 부르는 호칭만
살펴봐도 바로 알 수 있지.

영국

엉클 엉클 엉클 엉클 엉클

우리나라

삼촌 외삼촌 큰아버지 당숙 외당숙

이렇게 공동체를 이루어 살다 보니,
나보다 공동체를 생각하는 습성이 말에도 남게 됐지.

이처럼 우리나라 사람들은 '나'라는 말보다
'우리'라는 말을 더 많이 사용한단다.
우리 집, 우리 마을, 우리 학교….

문화에 따라 다른 세계의 말

우리말에는 공동체의 흔적이 많이 남아 있어.
다른 나라 말에는 어떤 특징이 있을까?

'얼음'이란 단어가 많은 이누이트 부족

우리나라는 벼농사를 지어서 벼, 쌀, 밥에 대한 단어가 많아.
북극 가까이에 사는 이누이트는 평생 얼어붙은 바다에서 사냥해.
그래서 얼음에 대한 단어가 무려 93개나 된대.

시쿠
(바다 얼음)

키누
(얇은 얼음)

키비니크
(물속 얼음)

이니루비크
(갈라졌다 다시 언 얼음)

무지개를 '레인보 식스'라 부르는 미국

우리나라 사람들은 옛날부터 기본색을 흑백청홍황 다섯 색으로 생각했어. 그래서 색이 다양한 무지개를 오색이라고 표현했지. 반면 미국 사람들은 파랑과 남색을 같은 색으로 구분하는 문화 때문에 무지개를 여섯 색이라고 표현해. 이처럼 하늘에 떠 있는 무지개를 표현하는 말도 나라마다 달라.

남자와 여자가 쓰는 말이 다른 일본

우리나라에서는 성별이 달라도 사용하는 말이 똑같아. 하지만 일본은 남자의 말, 여자의 말이 따로 있어. 신분이나 성별에 따라 사용하는 말이 다르게 발달해 온 문화 때문이지.

87

6장
우리말이 새로 생기기도 해?

대회가 곧 시작될 텐데 무슨 일이야?
빛보다 빨리 해결해 줄 테니 얼른 말해 봐.

어른, 아이 누구나 쓰는 똘똘한 스마트폰 말이지?
스마트폰은 미국에서 들어온 외국어이면서
우리말이기도 해.

외래어란?

다른 나라에서 들어온 말이지만
오랫동안 사람들이
많이 쓰게 되면서
우리말로 인정받은 낱말을 말한다.

우리말의 낱말은 어디서 왔느냐에 따라 세 가지로 나눌 수 있어.

순우리말

우리말에 본디부터 있던 낱말로 '토박이말'이라고도 해.

구름

비빔밥

터울

한자어

한자를 바탕으로 하여 만들어진 말로 우리말에서 큰 부분을 차지해.

학교
學校

감기
感氣

외래어

외국에서 들어온 말로 국가 간의 교류가 활발한 요즘 점점 많아지고 있어.

헬멧
Helmet

택시
Taxi

컴퓨터
Computer

> 외래어와 외국어는 어떻게 다른 거예요?

지금 그 이야기를 하려고 했는데, 성질도 급하네.
'스마트폰'은 처음 미국에서 들어온 외국어였어.

이렇게 일상생활에서 자주 쓰고, 대체할 적절한
우리말도 없어서 스마트폰이 외래어로 인정받았어.
그러니까 스마트폰은 우리말인 거지.

그럼 아래 낱말 중에서 외래어를 찾아볼까?
우리말로 바꿔 쓸 수 있는 말은
외국어니까 잘 골라 봐.

이건 유행어야. '최고', '대단하다'라는 뜻으로
킹(king), 왕(王), 짱 세 낱말을 합해서 새말을 만든 거야.
신조어라고도 해. 이런 말들은 사람들의 입에
오르내리다가 대부분 사라져. 하지만 어떤 말들은
살아남아 정식 표준어가 되기도 하지.

누리꾼 사이버 공간에서 활동하는 사람.

대박 어떤 일이 크게 이루어짐을 비유적으로 이르는 말.

딴지 일이 순순히 진행되지 못하도록 훼방을 놓거나 어기대는 것.

K탐정의 깜짝 퀴즈

'얼레리꼴레리'가 유행어라고?

YES 조선 시대 유행어로 원래는 '알나리깔나리'라고 써. '알'은 '아이', '나리'는 '벼슬아치'라는 뜻이고 '깔나리'는 운율에 맞춰 덧붙인 말이야. 그 당시 관직을 사고파는 일이 심해 어린아이도 벼슬아치가 되겠다며 놀리는 말로 유행했대.

이모티콘도 신조어야?

ㅠ_ㅠ   ㅜ.ㅜ   ^_^;;;;   ^_^ヾ   @_@

NO 컴퓨터 자판의 문자, 기호, 숫자를 이용하여 감정이나 의견을 표현한 것을 이모티콘이라고 해. 사람들이 스마트폰으로 메시지를 주고받을 때 글자 대신 많이 사용해. 신조어는 아니지만 짧은 대화를 대신할 수 있고 표현도 재미있어.

K탐정의 세계 탐구

세계로 수출되는 우리말

한류 열풍으로 우리말 또한 전 세계에 알려지고 있어. 영국의 대표 사전인 옥스퍼드 영어 사전에 실린 우리 낱말을 소개할게.

문화를 나타내는 낱말

한국식 영어 낱말

사람을 부르는 낱말